Tiers-Ordre Enseignant de Saint-Dominique.

ÉCOLE SAINT-CHARLES

SAINT-BRIEUC (Côtes-du-Nord)

FRANÇAIS ET CHRÉTIENS

Discours prononcé à la Distribution des Prix

En présence de Leurs Grandeurs

Monseigneur DAVID, Evêque de Saint-Brieuc et Tréguier,

Monseigneur LE BRETON, Evêque du Puy

Le 26 Juillet 1879

PAR LE T. R. P. ROUSSELIN

PRIEUR DE L'ÉCOLE

SAINT-BRIEUC

IMPRIMERIE L. PRUD'HOMME

Place de la Préfecture

57b

FRANÇAIS ET CHRÉTIENS!

ÉCOLE SAINT-CHARLES

SAINT-BRIEUC (Côtes-du-Nord)

FRANÇAIS ET CHRÉTIENS

Discours prononcé à la Distribution des Prix

En présence de Leurs Grandeurs

Monseigneur DAVID, Evêque de Saint-Brieuc et Tréguier,

Monseigneur LE BRETON, Evêque du Puy

Le 26 Juillet 1879

Par le T. R. P. ROUSSELIN

PRIEUR DE L'ÉCOLE

SAINT-BRIEUC

IMPRIMERIE L. PRUD'HOMME

Place de la Préfecture

FRANÇAIS ET CHRÉTIENS !

Messeigneurs,

Le 19 Mai 1871, deux bataillons de fédérés envahissaient notre Ecole d'Arcueil. Placés aux avant-postes, presque constamment sur le champ de bataille, nous avions pendant cinq mois, durant le premier siège, recueilli, soigné, consolé nos pauvres soldats blessés ou mourants ; au second siège, nous avions donné aux soldats de la Commune (là où est la souffrance, la charité ne connaît pas de drapeau) les mêmes soins, les mêmes consolations ; plus de trois cents d'entre eux avaient trouvé à l'Ecole le soulagement du corps et de l'âme ; au moment même où arrivait l'ordre de nous enlever, nous venions de recueillir douze cadavres et trente blessés. Peu importait : la lutte allait finir, la cause de la révolte était perdue, il fallait piller l'Ecole et se ménager de précieux otages. Le citoyen Leo Meillet, membre de la Commune, présente au Père Captier un mandat n'alléguant ni plainte ni motif légal, mais signifiant à tous les habitants de l'Ecole d'avoir à se mettre à la disposition des délégués. Bientôt toute la communauté est réunie dans la cour d'honneur où viennent nous cerner les soldats du 101e et du 120e bataillon. Alors se passe une scène des plus émouvantes. Il y avait encore à l'Ecole onze élèves qui nous étaient revenus après l'armistice et que le blocus de Paris avait retenus à Arcueil : on nous les amène au moment où nous allions partir ; en nous voyant prisonniers et sur le point de les quitter, ils se jettent à nos genoux, et les yeux pleins de larmes, ils demandent au Père Captier sa bénédiction. « Mes Enfants, leur dit-il d'une voix émue où l'on sentait toute son énergie et sa tendresse, vous voyez ce qui se passe ; sans doute on vous interrogera : soyez francs et sincères comme si vous répondiez à vos parents. Rappelez-vous ce qu'ils vous ont recommandé en vous confiant à nous, et quoi qu'il arrive, souvenez-vous que vous avez à devenir des hommes capables de vivre et de mourir en Français et en Chrétiens. Adieu : que la bénédiction du Père, du Fils et du Saint-Esprit descende sur vous et y demeure toujours, toujours ! » Nos enfants se jetèrent dans nos bras, tout le monde pleurait, maîtres, élèves, serviteurs ; les malheureux même qui nous enlevaient ne pouvaient dissimuler leur émotion, et cherchaient en vain à cacher les larmes qui s'échappaient malgré eux. Enfin le signal du départ fut donné ; six jours après, le Père Captier tombait, avec douze de ses compagnons, lâchement assassiné à l'avenue d'Italie.

Pourquoi, mes Enfants, venir, par ce lamentable récit, attrister la joie de vos cœurs tout préoccupés des récompenses que vous espérez et des saines jouissances que vous allez goûter au sein de la famille ? Est-ce là mon intention ? Non certainement. Mais malgré moi, au milieu des inquiétudes que font naître les circonstances présentes, lorsque je cherche quels adieux je puis vous adresser, les paroles du Père Captier reviennent à ma mémoire et s'imposent à mes lèvres.

A Dieu ne plaise, Messieurs, que je songe à transformer notre réunion en une assemblée politique ! Votre présence, Messeigneurs, est une garantie de ma sagesse : je n'ai qu'à m'inspirer du noble exemple que nous donnent Vos Grandeurs, et je saurai, tout en ne perdant rien de la fermeté et de l'indépendance du citoyen qui affirme ses droits, conserver la modération et la bienveillance du chrétien qui pardonne aux égarements de l'ignorance et de la passion. Pour vous, Mesdames et Messieurs, en venant ici dans les circonstances actuelles, vous nous donnez un témoignage de sympathie qui nous rassure entièrement sur votre impartiale bienveillance ; et si quelqu'un ne partageait pas vos sentiments, celui-là pardonnerait du moins à des accusés (car, Dieu merci ! nous ne sommes pas encore condamnés) de protester franchement et loyalement contre l'accusation que repousse leur conscience.

Oui, chers amis, vous ne pouvez pas ignorer ce qui se passe : on voudrait vous arracher à notre affection et à notre dévouement, séparer les maîtres de leurs élèves, les pères de leurs enfants. Sans doute, ce n'est pas pour nous conduire à la mort qui tue le corps, mais c'est pour nous infliger une sorte de mort civile, plus terrible peut-être parce qu'elle est moins glorieuse, nous flétrir et nous déshonorer à vos yeux et aux yeux du monde entier, en nous déclarant incapables et indignes de vous élever! Ah! il faut ou nous bien méconnaître ou nous bien haïr! Comment! nous sentions toute la faiblesse que donne l'isolement, le découragement qu'amène trop souvent l'insuccès du travail individuel, nous avons compris que l'union fait la force, nous avons été tendre la main à ceux qu'une même bonne volonté animait, nous nous sommes dit : « Nous travaillerons ensemble, sous le regard de Dieu, à donner à notre pays et à l'Eglise de vaillants enfants. » Pour mieux cimenter cette union, nous avons accepté, dans toute la plénitude de notre raison et de notre liberté, une règle imposée au nom de Dieu, et destinée à discipliner les efforts communs, à concentrer sur l'unique but de notre vie toutes les puissances de notre intelligence et de notre cœur : pour n'être point distraits de notre grand œuvre par la préoccupation du bien-être et l'appât des richesses, nous avons résolu d'être pauvres et de partager entre nous le modeste pain quotidien gagné par notre travail; pour mieux donner aux âmes notre amour et notre dévouement, nous avons renoncé au légitime bonheur de la famille ! Et c'est parce que nous nous sommes réunis pour être plus forts et meilleurs, parce que nous avons promis d'appartenir plus étroitement à Dieu et à ceux qu'il nous confiera, en faisant ces trois grands vœux de renoncer à notre propre indépendance, à la fortune, aux joies de la terre; c'est pour cela que nous ne saurions être Français, ni élever des Français ! Quelle étrange et triste aberration ! Et quel outrage douloureux pour notre cœur ! Nous ne sommes pas Français ! Que sommes-nous donc ? Race de parias, nous apparaissons aux yeux de quelques-uns comme une sorte de monstres qui n'ont ni père, ni mère, qui n'ont point eu de berceau, qui n'ont point aimé de foyer domestique, qui n'ont point connu les tombes où reposent leurs ancêtres; revenants d'un autre monde, nous sommes pour eux des vampires qui sucent le sang des vivants, et se conservent l'existence en donnant la mort ! Et cependant on nous a vus naguère, enfants joyeux, faire retentir de nos ébats les rues de notre cité ou les échos de nos campagnes; on nous a vus jeunes gens, mêlés à nos contemporains, aujourd'hui magistrats, soldats, industriels ou artisans, on nous a vus rêver, nous aussi, à l'avenir, à la gloire, à la richesse, à la famille! Dieu sait si le nom de la France a fait battre notre cœur! Dieu sait combien nous avons aimé notre père, notre mère, nos frères, nos sœurs, nos parents, nos amis! Dieu sait si nous en avons été aimés! Un jour, une voix secrète parle à notre cœur : Notre-Seigneur Jésus-Christ nous appelle, nous lui obéissons. C'en est fait: dès-lors, nous dit-on, nous ne sommes plus Français : pour nous plus de famille, plus d'amis, plus de patrie; on décrète que nous n'avons plus ni intelligence ni cœur : hors la loi ceux qui veulent n'appartenir qu'à Dieu!

Voilà ce qui se passe, mes Enfants; c'est à vous qui nous connaissez, à vous qui nous aimez, de dire ce que sont ces maîtres si violemment attaqués, si outrageusement méconnus. On vous interrogera, on vous demandera la vérité sur ces ennemis tellement puissants qu'il est de toute nécessité de les frapper dans leurs droits les plus incontestables. Eh bien! dites tout ce que vous avez vu, tout ce que vous avez entendu. Notre vie est la vôtre : en nous, vous n'avez pas seulement des maîtres qui viennent pendant quelques heures vous enseigner les lettres ou les sciences, vous n'avez pas seulement des surveillants austères qui

exigent le silence et imposent la discipline :
nous nous retrouvons ensemble partout : dans le
maître, le surveillant, vous rencontrez toujours,
quand vous le voulez, le père et l'ami; vos joies
sont nos joies, vos douleurs nos douleurs ; nous
nous sommes une famille où il n'y a ni arrière-
pensée à dissimuler, ni secrets à garder. Parlez
donc, mes Enfants ; dites tout, depuis les ensei-
gnements publics que vous recevez du professeur,
jusqu'aux plus intimes épanchements de l'ami et
du père. Dites, et nous sommes sûrs que vos
révélations montreront en nous les successeurs
et les fils du P. Captier ; dans nos leçons,
dans nos encouragements, dans nos remon-
trances même, nous n'avons qu'un but : vous
apprendre à vivre et à mourir en FRANÇAIS et en
CHRÉTIENS, et réaliser ainsi la devise de notre
Ecole : *Religioni et Patriæ floreant.*

Oui, Messieurs, quoi qu'on puisse penser et
dire, nous voulons former et nous formons des
FRANÇAIS. Entendons-nous : s'agit-il de prendre
un des drapeaux qui rallient ou plutôt qui divi-
sent aujourd'hui nos concitoyens, de le déployer

aux regards de nos enfants et de leur demander
d'en être les défenseurs? Non, Messieurs, certainement non. Pour nous, prêtres catholiques,
nous nous devons tout à tous. Nous avons à
former des fils pour la France, et non des partisans
d'une dynastie ou d'une république. Les dynas-
ties, hélas! peuvent s'éteindre: les républiques
aussi. Mais il reste la France, la Patrie, que
les Gouvernements n'emportent point avec eux
dans la tombe. Certes, en m'entendant parler
ainsi, gardez-vous bien de croire que je veuille
jeter le blâme ou le discrédit sur les convictions
politiques. N'en pas avoir, ce serait ne pas être
citoyen. Mais là, dans ce domaine de l'opinion,
que de circonstances diverses ont leur influence
légitime! Le souvenir de longs siècles de gloire
et de bienfaits, le nom légué par de nobles
ancêtres, les traditions de la famille, la recon-
naissance, l'amitié parfois, l'âge lui-même, mille
autres circonstances imposent en quelque sorte
à chacun la voie qu'il doit suivre. Ce n'est pas à
nous de l'enseigner ni même de l'indiquer. Mais
ce qui nous incombe, c'est d'apprendre à nos
enfants, quel que soit plus tard leur drapeau,
quelle que soit la route où s'engagent leurs
pas, à rester toujours de vrais fils de la France,

des citoyens qui sachent *penser*, qui sachent *agir*, et qui à la pensée et à l'action unissent la magnanimité du cœur.

N'est-ce pas là ce que vous nous demandez, Messieurs ? Préparer à la France, dans vos fils, des hommes à l'intelligence fière et indépendante, que ne dominent ni l'erreur, ni le préjugé, ni la passion ; des hommes à la volonté énergique et puissante que n'arrêtent ni la peur, ni l'intérêt, ni l'ambition ; des hommes à l'âme noble et généreuse qui, au-dessus des préoccupations personnelles ou politiques, placent avant tout l'amour de la patrie et tendent la main à tous ceux dont le cœur bat pour la France ; en un mot, des citoyens libres, dignes du nom que nous ont légué les vieux Francs nos ancêtres ! Et cette noble liberté, mes Enfants, cette liberté qui vous donnera la possession de la vérité, la plénitude de votre activité et l'épanouissement fécond de votre cœur, cette liberté, personne ne vous la ravira : c'est dans le sanctuaire inviolable de votre conscience qu'elle aura son refuge ; et, à elle seule, quel que soit le rang que vous réserve la Providence, elle suffira à vous assurer votre dignité d'homme et de citoyen.

Hélas, Messieurs! aujourd'hui on ne comprend guère ainsi la liberté! On pourrait presque les compter, ces hommes qui savent *penser* par eux-mêmes, ces hommes qui, courbant leur raison devant Dieu, ne s'en redressent que plus fièrement pour secouer les chaînes qu'on veut leur imposer! Qu'ils sont rares, ceux-là qui, dans une saine indépendance d'esprit et de cœur, portent avec impartialité leur jugement sur les hommes et sur les choses! On parle partout de liberté, et peut-être jamais l'asservissement des esprits n'a été plus manifeste, jamais les préjugés n'ont été plus puissants, jamais les passions plus aveugles; on enrégimente les esprits, et ce troupeau docile obéit au mot d'ordre; la parole d'un journaliste est article de foi; la boutade d'un orateur devient la règle des convictions; un mensonge, une calomnie, heureusement formulés, sont proclamés vérités historiques, axiomes indiscutables.

Et à côté de cette servilité évidente, d'autant plus étrange qu'elle est subie au nom de la liberté, il y en a une autre non moins méprisable qu'imposent les passions. Vous savez, Messieurs, combien le jugement le plus sûr peut s'égarer lorsqu'il a à prononcer sur ceux

qui n'ont point notre affection, combien la
raison la plus droite se fausse sous l'influence
de la jalousie, combien l'âme la plus équitable
peut devenir injuste à un simple froissement
d'amour-propre; quels effets désastreux ne doi-
vent donc point produire la haine, le désir de la
vengeance, l'ambition, toutes ces passions puis-
santes dont aucun de nous ne peut se dire
sûrement préservé !

C'est à l'éducation, à une éducation saine
et virile, de briser toutes ces entraves qui
font de la raison humaine l'esclave de l'erreur
et du mal. C'est au maître de former cette jeune
intelligence, de lui donner cette ardeur de la
vérité que rien ne lasse, de lui apprendre à
chercher, sous les fleurs de rhétorique, la pensée
dans toute son étendue et sa vérité, à secouer le
charme d'une parole fascinatrice pour en peser la
valeur, à surmonter l'entraînement de l'éloquence
pour examiner froidement les principes, le rai-
sonnement, les conséquences, à faire taire le
sentiment, l'impression, pour laisser parler la
raison seule. Voilà l'œuvre du professeur dans
son enseignement. Mais c'est surtout dans la vie
de chaque jour, dans ce commerce perpétuel où
se fait l'échange des pensées, où déjà se révèlent

les petites passions qui troublent le jugement, les antipathies qui rendent mauvais, les préjugés qui rétrécissent l'esprit; c'est dans cette communication quotidienne, dans cette direction que le père, l'ami, est appelé à donner à cette jeune âme le vigoureux essor qui la fait s'élever au-dessus de ces basses régions où la retiendraient captive le sophisme et la passion, et planer librement dans les hautes sphères de la vérité et de la justice.

Avec cette noble indépendance de l'esprit, nous voulons de plus donner à nos enfants le courage et l'énergie de la volonté. Nous ne voulons pas seulement préparer à la France des hommes qui sachent penser, mais aussi lui donner des citoyens qui sachent *agir*.

Hélas! Messieurs, n'est-ce pas là encore ce qui nous manque? Que d'hommes honnêtes, convaincus, n'osent affirmer ce qu'ils sont, n'osent défendre ouvertement ce qu'ils aiment! La pusillanimité, la peur de se compromettre, l'intérêt, nous ferment la bouche, paralysent notre courage; et nous nous contentons de gémir entre nous sur le malheur des temps, au lieu de nous

2.

jeter généreusement sur le champ de bataille où
s'agite le sort de la patrie; au lieu d'affirmer par
la plume, par la parole, par l'exemple, par le
dévouement, ce que nous sommes, ce que nous
pensons, ce que nous voulons; au lieu de nous
mêler à ce cher peuple qu'on égare, pour l'arracher au mensonge, aux convoitises malsaines,
aux excitations haineuses. Nous ne connaissons
pas assez, Messieurs, nos devoirs et nos droits
de *citoyens libres* : la faiblesse des gens honnêtes
fait la force de leurs adversaires; notre peur fait
leur audace. Quand je parle ainsi, Messieurs, je
ne veux point faire allusion aux luttes par
lesquelles on se dispute le pouvoir : encore une
fois, ce n'est point notre mission. Mais là où je
demande aux hommes de cœur et d'énergie de
s'affirmer et de combattre, c'est quand il s'agit
des grandes vérités fondamentales qui touchent
à Dieu, à la famille, à l'honneur, seules sauve-
gardes d'une nation. Eh bien ! nous voudrions
que chacun de nos enfants, au sortir du Collége,
fût un de ces vaillants et pacifiques soldats du
bien et du devoir; nous voudrions que chacun
d'eux, dans le milieu où la Providence le placera,
fût un de ces citoyens francs, loyaux, énergiques,
qui ne craignent pas d'affirmer leurs convictions,

de tenir tête aux égarés et aux mauvais, de rallier
au bien les peureux et les indécis, et de contri-
buer pour leur part à grouper autour de la Patrie
tous les cœurs honnêtes qui la sauveront.

Et c'est pour arriver à ce noble résultat que
déjà sur les bancs de l'Ecole, nous vous demandons, chers Enfants, de vous montrer courageux
et bons, de ne pas vous laisser enchaîner
par le respect humain, de ne pas vous laisser
intimider par la raillerie ou la menace, et d'aller
droit devant vous dans le sentier de la vertu et
de l'honneur. Le Collége est un petit monde : la
lutte entre le bien et le mal y existe déjà ; il y a
des bons, il y a des faibles, il y a des insouciants,
il peut y avoir des mauvais : eh bien ! il faut faire
ici votre apprentissage de la vie, il faut faire ici
vos premières armes ; il faut que dans notre Ecole
le bon s'affirme, qu'il entraîne avec lui le faible et
l'insouciant, et que le méchant, s'il s'en trouvait
quelqu'un à notre insu, sente la honte peser sur
lui, et comprenne qu'il faut ou changer ou partir !

Voilà, Messieurs, comment nous entendons
former des Français ! Dites, mes Enfants, n'est-ce
point là notre œuvre de chaque jour : élever

votre intelligence en la délivrant de l'erreur et de la passion, élever votre volonté en lui donnant l'énergie et la générosité, préserver vos esprits et vos cœurs de tout ce qui peut les rendre esclaves du mensonge ou du mal : en un mot, faire de vous des *citoyens libres*, libres dans la possession de la vérité, libres dans l'accomplissement du bien !

Tâche difficile ! impossible aux seules forces humaines ! Aussi, mes Amis, pour vous apprendre à vivre et à mourir en Français, voulons-nous vous apprendre à vivre et à mourir en Chrétiens. C'est là, aux yeux de plusieurs, notre vrai crime ; à vos yeux, Messieurs, c'est notre mérite ; pour nous c'est notre force et notre consolation ; pour vous, Enfants bien-aimés, c'est le don le plus miséricordieux de la Providence à votre égard, et ce sera, si vous le voulez, l'honneur de votre vie ici-bas, et le gage de votre éternel bonheur.

Oui, l'honneur de votre vie ! Car, si la grandeur de l'homme réside dans la possession sereine et indépendante du vrai, dans une virile et noble

liberté d'action, sachez que vous ne saurez sûrement dissiper les ténèbres de l'ignorance et de
l'erreur qu'autant que Dieu, l'éternelle vérité,
sera lui-même votre *lumière* ; sachez que vous
ne saurez briser les chaînes qui paralysent votre
volonté, ce joug honteux de l'égoïsme, de la peur,
de l'intérêt, du respect humain, qu'autant que
Dieu lui-même, source de toute puissance, sera
votre *force*.

Oh ! que je voudrais, mes Enfants, vous le faire
comprendre ! que je voudrais vous convaincre de
la nécessité absolue d'une foi religieuse, pratique,
de la foi en Notre-Seigneur Jésus-Christ, vous
montrer combien en dehors de la parole divine,
révélée par le Verbe de Dieu lui-même et trans-
mise de génération en génération par la sainte
Eglise catholique, il n'y a rien, absolument rien
qui puisse éclairer les voies de l'homme, lui dire
son origine, lui assigner sa fin, lui imposer ses
devoirs, lui expliquer ce douloureux problème de
la vie, cette lutte entre le bien et le mal, la pau-
vreté des uns, l'heureux sort des autres, la
souffrance commune à tous, et l'épouvantable
mystère de la mort.

Trop jeunes encore pour la plupart, tout en-
tiers aux espérances de la vie qui s'ouvre seule-

ment pour vous, vous ne songez qu'à en goûter les joies, sans en soupçonner encore les amertumes, sans vous demander ce que vous êtes, qui vous a jetés sur cette terre, et pourquoi vous y êtes. Mais, chers Enfants ! bientôt ce premier enivrement sera passé, et dès lors ce problème, le seul capital, le seul nécessaire à résoudre, se dressera devant vous. Ah! j'en appelle à vous, Messieurs! n'est-il point vrai qu'une fois placés en face des réalités de la vie, au milieu des luttes pour l'existence, des contradictions de la pensée, des désillusions du cœur, bon gré mal gré nous nous demandons ce que nous sommes, d'où nous venons et où nous allons ; nous avons beau faire pour nous étourdir : le travail le plus énergique a ses instants forcés de repos ; la vie la plus joyeuse a ses moments inévitables de tristesse ; les rires les plus prolongés sont suivis de larmes ; et alors se pose de nouveau le problème de notre destinée ; il nous suit comme l'ombre suit notre corps, sombre et menaçant, et si parfois nous parvenons à nous soustraire à cet effrayant fantôme, la mort, qui frappe autour de nous, nous remet fatalement en face de cette question : « Que vas-tu devenir ? » Quelles incertitudes, quelles ténèbres, quelles angoisses pour toute âme intelligente et noble, tant que la lumière ne s'est point faite sur ces redoutables mystères ! notre vie tout entière en dépend. Eh bien, interrogeons notre raison, questionnons les sages et les philosophes, descendons en nous-mêmes et dans la conscience d'autrui pour arriver enfin à pénétrer le secret de notre existence : rien ne nous répond, rien ne nous rassure ; en moi comme dans les autres, tout est contradiction, impuissance, désespoir! Qui donc prononcera la parole révélatrice qui illuminera notre vie? Dieu, mes Enfants, Dieu seul, Dieu que tous proclament l'Etre nécessaire, depuis l'insensé qui l'appelle du nom de hasard, jusqu'à l'intelligence la plus élevée qui le nomme la Providence. Puissance incréée, il nous a donné la vie; sagesse suprême, il nous a assigné une fin ; bonté infinie, il a dû nous faire connaître et cette fin et les moyens d'y parvenir. Et puisque ni l'expérience, ni la raison, ni la science humaine ne me révèlent ce mystère, c'est Lui, c'est Dieu qui a dû parler, et sa parole a dû traverser les siècles, une, immuable, universelle, sainte comme lui.

Où est-elle donc, cette parole divine, cette parole nécessaire qui ne s'est jamais contredite, qui a dû dominer les bouleversements de la nature, survivre aux ruines des sociétés, et traverser les âges, renvoyée de générations en générations comme d'échos en échos ? Où est cette parole, qui, pareille à la nuée lumineuse, dirige l'humanité dans sa marche et lui montre la route sûre, infaillible, qui la mène à la terre promise ?

Interrogez l'histoire : à l'origine des temps et des sociétés la parole divine retentit, et jusque dans les traditions des peuples les plus ignorés on en recueille encore un écho ; cette parole se répète de siècle en siècle, se constituant par la loi de Moïse, se développant par la voix des prophètes ; elle est portée de nation en nation par le peuple juif, jusqu'à ce qu'enfin la Parole incréée, le Verbe divin s'incarne et nous donne la vérité tout entière. Ce n'est plus dans la famille des patriarches, ce n'est plus dans des traditions incomplètes, ce n'est plus dans les bornes restreintes d'une nationalité, c'est dans le monde entier que la parole divine se fait entendre. Elle s'annonce à tous ; tous l'acceptent et se courbent sous sa loi. Des millions d'hommes sont là qui m'attestent sa vérité, des millions qui meurent pour affirmer leur croyance ; et cette parole qui se transmet d'âge en âge, cette parole qui passe par tant de bouches, elle est toujours la même, sans altération, sans contradiction. Ah! si elle ne vient pas de Dieu, il faut renoncer à la vérité!

Je la vois à l'origine éclairer le berceau de l'humanité : ce n'est d'abord qu'une aurore, quelques rayons illuminent la route, mais bientôt les rayons succèdent aux rayons, de moment en moment le jour s'augmente, les ombres disparaissent, le ciel devient plus radieux et annonce l'apparition de l'astre lui-même; le soleil de vérité paraît enfin, et le monde entier est illuminé. Oh! comme à sa clarté les mystères disparaissent! Je sais enfin le secret de mes destinées, je comprends l'énigme de mon existence, je m'explique les contradictions de ma nature. Enfant de Dieu, je reconnais en moi l'image du grand artiste : roi déchu, je retrouve dans les nobles aspirations de mon cœur la preuve de ma royale origine, dans mes instincts honteux la marque flétrissante qui affirme ma chute; ce besoin de vérité, cet amour de tout ce qui est beau, ce désir du bien, cette soif du bonheur que rien n'apaise, me révèlent ce qui m'est destiné: mes ignorances, mes faiblesses, mes passions, sont le châtiment de ma déchéance et la condition de mon expiation; la vie n'est plus pour moi qu'un exil qu'il

doit me tarder de voir finir; c'est le chemin qui
me ramène dans ma patrie, la courte épreuve qui
doit me rendre à ma fin première; la mort, c'est
le terme de la souffrance et de l'exil, le commen-
cement de la véritable vie; par delà la terre,
j'entrevois le ciel; le voyage, c'est la lutte, le
combat, la vertu. Désormais tout est expliqué,
je sais d'où je viens, je sais où je vais, je n'ai
plus qu'à marcher. O bienfaisante lumière qui
fait succéder la clarté aux ténèbres, le repos à
l'inquiétude, la confiance au désespoir!

Bénissez Dieu, mes Enfants, de l'inestimable
bienfait dont il a prévenu vos jeunes années, en
vous plaçant ici, au sein même de cette lumière!
Recueillez avec joie et amour cette parole divine
que nous ne cessons de vous annoncer; faites-
en la règle unique de vos pensées, la loi suprême
de votre vie. Et ainsi Dieu sera votre *lumière*.

Il sera aussi votre *force* : car le Dieu que nous
vous faisons connaître, ce n'est pas seulement
le Créateur tout-puissant qui nous a donné l'existence, c'est *Notre Père qui est aux cieux*; ce n'est
pas seulement le Souverain Législateur qui gou-
verne les mondes, c'est le Sauveur qui, pour se
faire nôtre, naît dans une crèche, qui, pour nous
rendre siens, meurt sur la croix; ce n'est pas seu-

lement l'Être suprême, perdu pour ainsi dire à nos faibles yeux dans les immensités de l'espace et du temps ; c'est le Christ vivant dans nos intelligences par la foi, dans nos cœurs par la charité, le Christ s'emparant de notre âme tout entière par l'union Eucharistique, transformant en sa force notre faiblesse, et confondant, s'il est permis de s'exprimer ainsi après saint Paul, notre vie avec la sienne. Si vous croyez à ce Dieu, mes Enfants, si vous aimez ce Dieu, si vous possédez ce Dieu, vous serez tout-puissants : tout-puissants contre vous-mêmes, contre votre égoïsme, votre lâcheté, votre orgueil, tout-puissants contre quiconque attaquerait Jésus-Christ dans votre âme ou dans l'âme de vos frères. *Si Dieu est pour nous, qui sera contre nous !*

Ah ! certes, Messieurs, si de vos enfants nous arrivons à faire de vrais chrétiens, de ces chrétiens audacieusement et légitimement fiers de leur foi, qui seule au monde peut guider sûrement leurs pas dans le chemin du devoir et de l'honneur ; de ces chrétiens qui, forts de la force de Dieu, luttent énergiquement pour le triomphe du bien, et, plutôt que de céder, vont, s'il le faut, à la mort, sachant qu'elle mène à la gloire ; nous serons sûrs, tout en donnant au ciel des élus, d'avoir donné à la France des fils dignes de leur Mère !

FRANÇAIS ET CHRÉTIENS ! Voilà ce que vous serez, mes Enfants, s'il ne dépend que de nous. Si là se trouve notre crime, qu'on nous proscrive, car tant que nous aurons un souffle de vie, tant que notre cœur n'aura point cessé de battre, nous lutterons pour la France et pour l'Eglise ! Qu'on vous proscrive aussi, vous Prêtres de Jésus-Christ, vous nos Frères aimés et nos généreux auxiliaires dans ce rude labeur de l'éducation, vous qu'un même zèle pour le pays et pour Dieu a réunis aux enfants de Saint-Dominique; vous qui, il y a quelques jours à peine, avez voulu dans une protestation solennelle, signée par chacun de vous, consoler notre cœur, fortifier notre courage, en déclarant que notre œuvre était la vôtre, que vous nous restiez fidèles dans la mauvaise comme dans la bonne fortune ! Qu'on proscrive ces courageux Pontifes, tous ces prêtres, qui, comme un seul homme, se sont levés pour protester au nom de l'Eglise de France tout entière ! Qu'on vous proscrive, vous tous, Fils de la vieille et fière Armorique, qui, plus que tout autre peuple, portez encore dans votre âme le sentiment de votre dignité, qui, plus que tout autre, avez juré et gardé fidélité à la Religion de vos Pères ; vous, Catholiques et Bretons, qui ne vous laisserez pas arracher l'honneur et la foi, pas plus que vos falaises de granit ne se laissent entamer par les vagues furieuses de l'Océan ! Qu'on proscrive enfin ces millions de Français, qui, au nom du pouvoir sacré que leur confère leur titre de Citoyens et de Pères de famille, osent réclamer le droit de confier à notre amour et à notre dévouement ce qu'ils ont de plus cher au monde, l'âme de leurs enfants !

Mais non, cela n'est pas possible ! La France aime encore trop Dieu, Dieu aime encore trop la France, pour qu'il nous soit permis de désespérer à ce point !

O France ! ô patrie bien-aimée ! laisse-nous te donner des fils qui seront ton salut, ton honneur et ta gloire ; des fils qui t'aimeront d'autant plus, qui se dévoueront d'autant plus, qu'ils puiseront leur amour et leur dévouement dans le cœur même de Dieu ! En retour, nous ne te demandons qu'une chose, la liberté ! la liberté de vivre et de mourir pour toi !

Saint-Brieuc, Imprimerie L.-Prud'homme.

www.ingramcontent.com/pod-product-compliance
Lightning Source LLC
Chambersburg PA
CBHW071418030726

47594CB00006B/2485